Bibliografische Information der Deutschen Nationalbibliothek:

Die Deutsche Bibliothek verzeichnet diese Publikation in der Deutschen National-
bibliografie; detaillierte bibliografische Daten sind im Internet über http://dnb.d-
nb.de/ abrufbar.

Impressum:

Copyright © 2017 GRIN Verlag, Open Publishing GmbH
Druck und Bindung: Books on Demand GmbH, Norderstedt Germany
ISBN: 9783668518940

Dieses Buch bei GRIN:

http://www.grin.com/de/e-book/374118/blockchain-das-disruptive-potential-im-
finanzsektor

Pascal Wald

Blockchain. Das disruptive Potential im Finanzsektor

GRIN Verlag

GRIN - Your knowledge has value

Der GRIN Verlag publiziert seit 1998 wissenschaftliche Arbeiten von Studenten, Hochschullehrern und anderen Akademikern als eBook und gedrucktes Buch. Die Verlagswebsite www.grin.com ist die ideale Plattform zur Veröffentlichung von Hausarbeiten, Abschlussarbeiten, wissenschaftlichen Aufsätzen, Dissertationen und Fachbüchern.

Besuchen Sie uns im Internet:

http://www.grin.com/

http://www.facebook.com/grincom

http://www.twitter.com/grin_com

FOM Hochschule für Oekonomie & Management

Standort Bonn

Seminararbeit

über das Thema

Blockchain

das disruptive Potential im Finanzsektor

Autor: Pascal Wald

Abgabedatum: 30.06.2017

Inhaltsverzeichnis

Abkürzungsverzeichnis

BTC   Bitcoin

DLT   Distributed Ledger Technology

NONCE   Number Only Used Once

PoW   Proof of Work

P2P   Peer-to-Peer

SHA   Secure Hash Algorithm

Abbildungsverzeichnis

1 Einleitung

1.1 Hintergrund und Relevanz der Blockchain

"The one thing that's missing, but that will soon be developed, is a reliable e-cash, a method whereby on the Internet you can transfer funds from A to B, without A knowing B or B knowing A"[1] Milton Friedman, der US-amerikanische Wirtschaftswissenschaftler, prophezeite bereits 1999 die Einführung von virtuellen Kryptowährungen. Unter dem Pseudonym Satoshi Nakamoto wurde 2008 die heute bekannteste digitale Währung „Bitcoin" BTC vorgestellt. Eine lange Zeit wurde dieser digitalen Währung jedoch wenig Aufmerksamkeit geschenkt. Erst durch einen exponentiellen Anstieg des Wechselkurses im Jahr 2013 geriet Bitcoin immer mehr in den Fokus verschiedenster Wirtschaftsakteure und wurde zunehmend als Investmentanlage wahrgenommen.

Die der Bitcoin zugrunde liegende Technologie ist die Blockchain. Sie ist die technische Realisierung einer verteilten Datenbank in der die Integrität der enthaltenen Daten durch kryptographische Verfahren sichergestellt wird. Diese Art der Datenbanken wurde in verschiedenen theoretischen Arbeiten in den 1990er Jahren entwickelt und abschließend von Stefan Konst allgemein beschrieben.[2]

Die Blockchain erlaubt als dezentrale Datenbank eine Übertragung von Werten, Rechten oder Eigentum ohne die Zwischenschaltung eines Intermediär. Nicht zuletzt aufgrund des ihr deshalb zugeschriebenen disruptiven Potentials für den klassischen Finanztransaktionssektor gewinnt sie immer mehr an Bedeutung. Die Einsatzmöglichkeiten gehen jedoch weit über die Anwendung von Kryptowährungen hinaus. Vor allem nach dem Bekanntwerden der massiven Überwachung durch die Geheimdienste wird vermehrt von vielen Netzaktivisten eine dezentrale Lösung für die Verwaltung von sensiblen Daten jeder Art gefordert.[3]

1.2 Vorgehensweise

Die vorliegende Arbeit nimmt es sich zur Aufgabe einen Überblick über die wesentlichen Möglichkeiten und Grenzen der Blockchain zu geben und auf dieser Grundlage zu bewerten, welches disruptive Potential der Technologie im Bereich des Finanzsektors zugeschrieben werden kann. Zur Erreichung dieser Zielsetzung werden zunächst

---

[1] http://www.coindesk.com/economist-milton-friedman-predicted-bitcoin/, Zugriff am 13.06.2017.
[2] Vgl. Konst, S., Sichere Log-Dateien auf Grundlage kryptographisch verketteter Einträge, 2000.
[3] Vgl. Sauerland, A., Möglichkeiten und Grenzen, 2017, S. 108.

begriffliche und theoretische Grundlagen beschrieben. Die Funktionsweise der Blockchain wird am Beispiel der Bitcoins erläutert, um im Folgenden auf die potentiellen Anwendungsfelder und deren Bedeutung für den Finanzsektor eingehen zu können. Zuletzt sollen Kernaussagen konkludiert werden.

2 Die Blockchain-Technologie

2.1 Blockchain im Überblick

In öffentlichen Diskussionen werden die Begriffe Blockchain und Distributed Ledger Technology (DLT) oft synonym verwendet. Unter der DLT versteht man eine verteilte Datenstruktur, bei der alle Teilnehmer zusammen agieren um einen Konsens über die Validität der geteilten Daten zu erhalten. Die DLT nutzt dazu ein Peer-to-Peer (P2P) Netzwerk zur Verteilung der Daten und einen Konsensmechanismus um die Integrität der bei allen Peers liegenden Daten sicherzustellen. Die Blockchain stellt die bekannteste mögliche Realisierung der DLT dar. Es verwendet jedoch nicht jeder Distributed Ledger eine Blockkette.[4]

Vereinfacht gesagt ist die Blockchain ein dezentrales Netzwerk von Datenbanken für den Austausch und die verteilte Speicherung von Informationen, bei der die Datensätze in Blöcken (*Blocks*) verpackt und in einer Kette (*Chain*) organisiert werden. Durch kryptografische Signatur wird dabei sichergestellt, dass neue Blöcke lediglich am Ende der Kette hinzugefügt, nicht aber innerhalb der Kette eingefügt oder aus ihr entfernt werden können. Die so entstehende Kette wird auf alle Teilnehmer (*Nodes*) des Netzwerks synchronisiert und redundant gespeichert. Durch die Dezentralisierung sollen Manipulationen am System verhindert werden. Ein weiterer Effekt der Dezentralisierung besteht darin das für die Übertragung von Informationen zwischen zwei Akteuren A und B keine vermittelnde Instanz, ein so genannter Intermediär, benötigt wird (vgl. Abb. 1). Aus diesem Grund ist bei der Verwendung von Kryptowährungen keine Bank erforderlich die den Intermediär bei klassischen Finanztransaktionen darstellt. Im Grunde kann in einer verteilten Datenbank allerdings jegliche Art von digitalem Eigentumsrecht übertagen werden. Die Anwendungsmöglichkeit der Blockchain-Technologie ist damit nicht nur auf die Funktion eines Finanztransaktionsbuches beschränkt, sondern geht weit über diesen Anwendungsbereich hinaus.[5]

---

[4] Vgl. Bolesch, L., Mitschele, A., Revolution oder Evolution, 2016, S. 35.
[5] Vgl. Jörn, T., Blockchain in der Finanzbranche, 2016, S. 37.

Abbildung 1: Veränderung des Transaktionsmodells durch die Blockchain

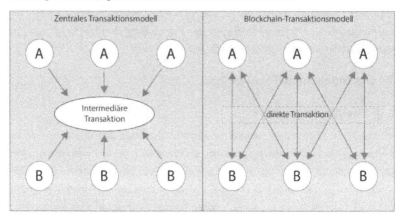

Quelle: Kastrati, G., Weissbart, C., Kurz zum Klima: Blockchain, 2016, S. 74.

So genannte Smart Contracts sollen verschiedene Verwaltungs- und Prozesssanwendungen ermöglichen, womit beispielsweise Leasingverträge über eine Blockchain in Echtzeit organisiert und gesteuert werden können. Dementsprechend ist nicht zuletzt das Interesse von Staaten und Unternehmen zur Erforschung dieser Technologie immens gestiegen. Die Hauptbeweggründe dafür sind die Steigerung von Effizienz, Transparenz und Sicherheit, denn jeder jemals getätigte Eintrag in eine Blockchain ist offen einsehbar und kann nicht mehr gelöscht oder geändert werden.[6]

Dabei muss man bedenken, dass es nicht die „eine Blockchain" gibt. Eine Blockchain die in einer Verwaltungsbehörde eingesetzt wird, muss ganz anderen Anforderungen genügen und wird deshalb anders implementiert sein als eine Blockchain für eine Kryptowährung wie BTC.

Um das Konzept der Blockchain-Technologie besser erklären zu können wird im folgendem vereinzelt Bezug auf die Funktionsweise der Kryptowährung BTC genommen. Sie ist die erste praktische Anwendung der Blockchain und bietet sich somit als verständliches Beispiel an.

Die Grundlage einer funktionierenden Währung ist, dass die vorhandene Geldmenge reguliert und gleichzeitig eine Reihe von Sicherheitsmerkmalen eingehalten wird. Im Falle einer herkömmlichen Währung wie dem Euro ist das unter anderem die Aufgabe

---

[6] Vgl. https://www.btc-echo.de/was-ist-die-blockchain/, Zugriff am 13.06.2017.

der europäischen Zentralbank. Genau dieses Problem gehört auch zu der größten Herausforderung eines dezentralen und digitalen Netzwerks wie der virtuellen Währung BTC. Nur durch das Erreichen eines Konsens zwischen den einzelnen Nodes, wem welcher Besitz zu einem gewissen Zeitpunkt zuzuordnen ist, kann ein dezentrales Zahlungssystem einwandfrei funktionieren. Bei einer Blockchain wird diese Sicherheitsfunktion nicht durch eine zentrale Instanz, sondern durch rein technologische Prozesse gewährleistet. Dazu müssen die technologischen Prozesse zwei wesentliche Mechanismen realisieren:

- Der *Consensus-Mechanismus* sorgt dafür, dass die Integrität der Daten auf allen Nodes sichergestellt ist, obwohl sich die Nodes untereinander nicht vertrauen können.

- Ein Mechanismus zur Validierung des *Ownerships* von Einheiten der digitalen Währung sorgt dafür, dass nur derjenige über solche Einheiten verfügen kann, der sie auch besitzt.[7]

2.2 Consensus-Mechanismen

In einem dezentralen Datenbanksystem wie der Blockchain kann es keine zentrale Stelle geben der alle anderen Nodes vertrauen und die so dafür sorgt, dass die Konsistenz und die Integrität der verteilen Daten sichergestellt ist. Im Prinzip kann von jedem Teilnehmer eine Manipulation der Daten ausgehen bevor diese weiterverteilt werden, sodass sich alle Nodes des Netzwerks gegenseitig misstrauen müssen. Um trotzdem Konsistenz und Integrität der Daten auf allen Nodes sicherzustellen wird im Netzwerk ein Consensus-Mechanismus implementiert. Im Fall von Bitcoin wird dieser Consensus-Mechanismus durch das *Hashing*, einer kryptografischer Signatur der gespeicherten Daten, und dem so genannten *Proof of Work* realisiert.[8]

Neben dem Verhindern von Manipulationen an der Blockchain wird im Falle von Bitcoin durch diesen Mechanismus auch das Problem des *Double-Spending* verhindert.

Bei dem *Double-Spending-Problem* geht es darum, dass der Empfänger einer Transaktion nicht verifizieren kann, ob der Initiator diesen digitalen Wert vorher schon an eine dritte Person versendet hat. Es ist also möglich, dass die Reihenfolge der Persistierung von Transaktionen nicht der Reihenfolge der Initiierung entspricht.[9]

---

[7] Vgl. Sixt, E., Bitcoins und andere dezentrale Transaktionssysteme, 2017, S. 31 f.
[8] Vgl. Nakamoto, S., Bitcoin: A Peer-to-Peer Eeletronic Cash System, 2008, S. 1.
[9] Vgl. Sixt, E., Bitcoins und andere dezentrale Transaktionssysteme, 2017, S. 43.

Angenommen Person X transferiert eine Geldeinheit an Person Y. Sobald der Block, der die Information über diese Transaktion enthält, in die Blockchain des Knotens von Y eingefügt wurde, versendet Person Y die Ware. Daraufhin versendet Person X denselben Auftrag an ein anderes Konto. Dabei besteht die Gefahr, dass die zweite Transaktion schneller im System weitergeleitet wird und zuerst von der Mehrheit der Nodes persistiert und damit vom Netzwerk akzeptiert wird. In diesem Fall wird Person Y durch das Netzwerk keine Geldeinheit von X zugewiesen, da die in der Transaktion verwendeten Geldeinheiten bereits dem dritten Konto zugewiesen wurden.

2.2.1 Hashing

Um Manipulationen an der Blockchain zu verhindern muss sichergestellt werden, dass Blöcke lediglich am Ender der Blockchain hinzugefügt, nicht aber an anderer Stelle eingefügt, entfernt oder verändert werden können. Um dies zu erreichen wird in jedem Block eine kryptografische Signatur des vorherigen Blocks gespeichert. Dabei wird bei der Bestimmung der kryptografischen Signatur eines Blocks auch der Wert der kryptografischen Signatur seines Vorgängerblocks einbezogen, sodass eine Kette entsteht bei der die Veränderung eines Blockes sich auf die kryptografischen Signaturen aller auf ihn folgender Blöcke auswirkt. Dadurch erfordert eine Manipulation eines Blockes die Neuberechnung aller zeitlich nachgelagerten Blöcke der Blockchain. [10]

Die kryptografische Signatur eines Blocks wird dabei durch einen durch eine sogenannte *Hash-Funktion* berechneten *Hashwert* realisiert.

Eine Hash-Funktion muss folgende Eigenschaften aufweisen:

1. Der Hashwert hat immer die gleiche Länge, unabhängig vom Input.
2. Ein bestimmter Input ergibt immer denselben Hashwert und unterschiedliche Inputs ergeben niemals den gleichen Output (Kollisionsresistenz).
3. Der Hashwert ermöglicht keinerlei Rückschluss auf den Input (Einwegfunktion).
4. Ähnliche Inputs haben keine ähnlichen Hashwerte (Lawineneffekt).[11]

Diese Eigenschaften machen den Hashwert auch zu einer kryptografischen Signatur der Eingabedaten. Im Fall von BTC wird der Secure Hash Algorithm (SHA) 256 angewandt. Die Eingabemenge des Algorithmus kann beliebig groß sein, der Output (Hashwert) hat jedoch eine fest definierte Länge von 256 Bit. Abbildung 2 verdeutlicht die Auswirkungen eines minimal geänderten Inputs auf den generierten Hashwert. Es

---

[10] Vgl. Brühl, V., Bitcoins, Blockchain und Distributed Ledgers, 2017, S. 137.
[11] Vgl. Kerscher, D., Bitcoin: Funktionsweise Risiken und Chancen, 2013, S. 21 f.

ist zu erkennen, dass bereits eine kleine Veränderung des Inputs eine erhebliche Konsequenz für den Output zur Folge hat.

Abbildung 2: Der Lawineneffekt

Input	Output
Das ist ein Passowrt.	b6ea69ae42b92b4201056aa3c09e4735a873f48d1be3f2d0b8-e4a058d49ad7b5
Das ist kein Passwort.	e687b134da0dd208a9b52e88d42560eda73fd9fff517e46a98fd3633868714c70b

Quelle: Eigene Darstellung in Anlehnung an Kerscher, D., Bitcoin: Funktionsweise Risiken und Chancen, 2013, S. 21.

2.2.2 Proof of Work (PoW)

Durch die kryptografische Signatur der Blöcke und ihrer Verkettung ist es sichergestellt, dass die in der Blockchain gespeicherte Blöcke oder deren Reihenfolge nicht manipuliert werden kann. Gleichzeitig könnte aber jeder Knoten im Netzwerk allen anderen Knoten einen beliebigen Block als nächsten Teil der Kette vorschlagen. Zur Vermeidung des Double-Spending-Problems muss also durch einen weiteren Mechanismus sichergestellt werden, dass das Generieren eines neuen Blockes einen gewissen Aufwand erfordert, sodass ein neuer Block erst im Netzwerk verteilt und dadurch in der Blockchain persistiert wird bevor ein weiterer Block hinzugefügt wird. Bei diesem Mechanismus wird den Teilnehmern des Netzwerks für das Erzeugen eines Blocks eine schwere mathematische Aufgabe gestellt. [12]

Die Lösung des mathematischen Problems wird als Proof of Work bezeichnet. Damit der neu generierte Block als valide gilt, muss eine Zahl (die *NONCE*) gefunden werden, sodass der aus dieser Zahl und den restlichen im Block vorhanden Daten berechnete Hashwert eine bestimmte Anzahl von führenden Nullen aufweist die vom System festgelegt wird. Bei der Hash-Funktion SHA256 existiert keine Möglichkeit, diese NONCE effizient zu ermitteln. Vielmehr muss durch ständiges Testen zufälliger Werte ein solcher Wert gefunden werden, der zu einem Hashwert mit der richtigen Anzahl von führenden Nullen führt. Um künftige Fälschungen zu erschweren darf die NONCE nur einmal verwendet werden. Ein neu generierter Block wird demnach nur als valide eingestuft, wenn ein Hashwert mit genug führenden Nullen gefunden wurde und die NONCE bisher nicht verwendet wurde. Das Ergebnis des Blocks muss wiederum von den anderen Nodes des Netzwerks verifiziert werden. Dabei ist der Proof of Work so

---

[12] Vgl. Nakamoto, S., Bitcoin: A Peer-to-Peer Eeletronic Cash System, 2008, S. 3.

gestaltet, dass es zwar sehr schwer ist die NONCE zu erzeugen, aber sehr einfach zu überprüfen, ob ein vorhandenes Ergebnis richtig ist.[13]

Da es sich beim Proof of Work um einen sehr rechen- bzw. kostenintensiven Prozess handelt, bildet ein Anreizsystem die Grundlage eines selbstregulierenden Netzwerks. Dabei wird der Miner (derjenige der die Rechenaufgabe löst) im Gegenzug mit einer vorher festgelegten Menge an Bitcoins entlohnt. Diese Menge wird alle 210.000 Blöcke halbiert, sodass die maximal zu erzeugende Menge an Bitcoins bei 21 Millionen liegt. Der Schwierigkeitsgrad für die Lösung des PoW wird von Zeit zu Zeit angepasst, sodass im Durchschnitt alle 10 Minuten ein neuer Block erstellt wird. Sofern es dem Miner gelingt den PoW zu erbringen, wird die Transaktion in einen Block verpackt und als unbestätigte Transaktion der Blockchain hinzugefügt. Dieser Block wird an alle Knoten des Netzwerks weitergeleitet und muss dann von den Teilnehmern des Netzwerks verifiziert werden. Wenn zwei Miner zur selben Zeit die Lösung für dieselbe Aufgabe finden und an das Netzwerk weiterleiten, dann entsteht temporär eine Gabelung in der Blockchain. An dieser Stelle setzt sich der Zweig durch, der von der Mehrheit der Nodes weiterverwendet wird.[14]

In Abbildung 3 wird nur die längste Kette weiterverwendet (schwarz). Alle anderen Blöcke werden verworfen (rot). Der grüne Block ist der Anfang der Kette, auf dem der Rest aufbaut.

Abbildung 3: Blockchain mit temporären Abzweigungen

Quelle: https://blog.synaix.de/2017/01/syntechtalk-die-blockchain-eine-kette-voller-neuer-moeglichkeiten/
Zugriff am 13.06.2017.

Aus diesem Umstand heraus resultiert die Gefahr einer „51% Attacke". Wenn ein Miner oder ein Miningpool über mehr als 50% der Rechenleistung des gesamten Netzwerks verfügt, dann wäre es ihm theoretisch möglich die Blockchain zu manipulieren.

2.3 Ownership und Verschlüsselung

Für eine Währung jeder Art ist es essentiell, dass es sie ein Konzept des Besitzes bereitstellt d.h., dass nur derjenige über Einheiten der Währung verfügen kann, dem sie

---

[13] Vgl. Sixt, E., Bitcoins und andere dezentrale Transaktionssysteme, 2017, S. 40 f.
[14] Vgl. https://www.btc-echo.de/wie-kann-ich-bitcoins-minen/, Zugriff am 13.06.2017.

auch gehören. Im Fall von Bitcoin wird dieses Konzept durch das kryptografische Verfahren der *Public-Key-Verschlüsselung* realisiert.

Voraussetzung für das Versenden oder Empfangen von Bitcoins ist dazu ein Schlüsselpaar aus einem privaten (Private Key) und einem öffentlichen Schlüssel (Public Key). Die Public-Key-Verschlüsselung stellt dabei sicher, dass zum Versenden von Bitcoins an eine Partei nur deren öffentlicher Schlüssel bekannt sein muss. Zum Erstellen einer neuen Transaktion, die über bestehende Bitcoins verfügt, muss allerdings der private Schlüssel bekannt sein, welcher zu dem öffentlichen Schlüssel gehört an den die Bitcoins in einer vorherigen Transaktion transferiert wurden.

Dabei enthalten die in den Blocks der Blockchain gespeicherten Transaktionen kurze kryptografische Programme. Indem ein solches kryptografisches Programm ausgeführt wird kann jeder Knoten des Blockchain-Netzwerkes überprüfen ob der Initiator einer Transaktion tatsächlich über die zu versendenden Bitcoins verfügen kann. Auf diese Weise kann die Validität jeder jemals getätigten Überweisung von allen Teilnehmern des Netzwerks zu jedem Zeitpunkt überprüft werden. Dieses Transaktionsregister ist zwar öffentlich zugänglich, verrät aber trotzdem keine Details über Absender oder Empfänger der Transaktionen da jeder, der im Besitz eines privaten Schlüssels ist über die entsprechend zugewiesenen Bitcoins verfügen kann.[15]

3 Bedeutung von Blockchain im Finanzsektor

Der Finanzsektor umfasst all diejenigen Institutionen die finanzielle Leistungen für eine Volkswirtschaft erbringen. Dazu zählen insbesondere: Finanzintermediäre (wie Kreditinstitute oder Versicherungsunternehmen), Finanzmärkte (Geldmarkt, Kapitalmarkt und Devisenmarkt) und hoheitliche Institutionen (wie z.B. die Deutsche Bundesbank und die Europäische Zentralbank).[16]

3.1 Disruption durch Distributed Ledgers

3.1.1 Zahlungsverkehr

Vor allem der Finanztransaktionssektor ist ein idealer Anwendungsbereich für die Implementierung von Blockchain basierten Technologien. Durch die Einführung des SEPA-Verfahrens wurde zwar der Zahlungsverkehr im europäischen Raum einheitlich gestaltet, jedoch werden Überweisungen i.d.R. erst am nächsten Arbeitstag valutiert. Zu-

---

[15] Vgl. Brühl, V., Bitcoins, Blockchain und Distributed Ledgers, 2017, S. 136.
[16] Vgl. Gischer, H. et al., Geld, Kredit und Banken, 2011, S. 2.

künftig könnten Zahlungen in herkömmlichen Währungen über ein P2P-Netzwerk auf Grundlage der Blockchain-Technologie in Echtzeit durchgeführt werden.

Essentiell für den Ersatz herkömmlicher Finanztransaktion durch auf Blockchain basierende Lösungen sind dabei die Gewährleistung von Sicherheit, Akzeptanz und eine klare Rechtslage. Kryptowährungen wie BTC sind in dieser Hinsicht, insbesondere aufgrund der von ihnen ermöglichten Anonymität, der Geldwäsche und anderen illegalen Aktivitäten kritisch zu betrachten. Vielmehr erscheinen geschlossene DLT als eine vielversprechendere Alternative. Diese ermöglichen über ein Proof-of-Identity-Verfahren, Rückschlüsse auf die Anwender des Netzwerks. Damit können verantwortliche Personen z.B. in Betrugsfällen identifiziert werden. [17]

Vor allem sind Banken, als Intermediär bei herkömmlichen Finanztransaktionen, durch die Blockchain-Technologie bedroht. Aus diesem Grund haben sich verschiedene Global Player zusammengeschlossen und in Kryptowährungen wie „Ripple" investiert. In solchen Szenarien der Blockchainanwendung wird die Bank als Intermediär nicht ersetzt. Vielmehr unterstützt Ripple die Vernetzung der bereits vorhandenen Zahlungssysteme von Banken, wodurch weltweit Zahlungen in unterschiedlichen Währungen, in einem Bruchteil der Zeit und ohne hohe Transaktionsgebühren ermöglicht werden. Eine völlige Disruption der Banken ist in naher Zukunft deswegen nicht zu erwarten. [18]

3.1.2 Wertpapierhandel

Für den Wertpapierhandel gilt ähnliches wie für den Zahlungsverkehr. Insbesondere soll die Effizienz von Nachhandelsaktivitäten beachtlich verbessert werden. Ordert man heutzutage ein Wertpapier, dann leitet der Broker oder die Bank diesen Auftrag an ein Clearinghaus weiter. Hier erfolgt das sogenannte Clearing, dabei werden gegenseitige Forderungen und Verbindlichkeiten festgestellt. Ziel des Clearings ist es einen Zahlungs- oder Lieferausfall zwischen den Vertragsparteien zu verhindern. Im nächsten Schritt erfolgt dann das Settlement, wobei das Wertpapier an den Käufer übertragen wird und dieser leistet im Gegenzug die Zahlung an den Verkäufer. Bevor das Geschäft abgeschlossen ist können bis zu zwei Tage vergehen. Die DLT hat die Möglichkeit den Clearing- und den Settlement-Prozess miteinander zu verschmelzen, sodass

---

[17] Vgl. Kastrati, G., Weissbart, C., Kurz zum Klima: Blockchain, 2016, S. 74.
[18] Vgl. Kollmann, T., Deutschland 4.0: Wie die Digitale Transformation gelingt, 2016, S. 100 f.

die Bearbeitungszeit in Echtzeit abgewickelt werden kann und die teuren Gebühren für den Intermediär entfallen.[19]

3.1.3 Smart Contracts

Eins der größten Potenziale liegt jedoch in der Neugestaltung von klassischen Verträgen. Smart Contract bedeutet so viel wie „intelligenter Vertrag" und spielt damit auf eine selbstregulierende, vertragliche Vereinbarung im Sinne einer Wenn-Dann-Logik an. Demnach soll die Blockchain beim Eintritt bestimmter vertraglicher Bedingungen vordefinierte Aktivitäten auslösen, die durch Ausführung des im Smart Contract enthaltenen Programmcodes durchgeführt werden. Zwischengeschaltete Intermediäre, die gewöhnlich Vertrauen zwischen den Vertragsparteien schaffen, werden damit ersetzt.[20]

Befindet man sich z.B. im Besitz von Aktien, dann könnte deren Dividendenzahlung im Zuge eines Smart Contracts nicht nur automatisch auf das Konto des jeweiligen Shareholders am Ausschüttungstag ausgezahlt werden, sondern auch, unter Berücksichtigung des individuellen Steuersatzes die abzuführende Steuer direkt mit abgegolten werden. Im Vergleich zu herkömmlichen Verträgen haben die Klauseln des Vertrags keinen Interpretationsspielraum und führen unter bestimmten Bedingungen immer zu einem vorprogrammierten Ereignis.[21]

3.2 Herausforderungen und Risiken

Wie bei jeder Implementierung eines neuen Systems gibt es sowohl Befürworter als auch Gegner. Technisch muss sich die Blockchain noch einigen Herausforderungen stellen, denn für einen flächendeckenden Einsatz im Finanzsektor ist sie noch nicht geeignet. Die Skalierbarkeit der Blockchain stößt hier an ihre Grenzen. Ebenso wird es aufgrund der globalen Reichweite, zu Konflikten mit lokalen und regionalen Gesetzen sowie Interessen von Regierungen kommen. Des Weiteren kann es durch die Diversität der verwendeten Blockchainanwendungen erschwert werden die Integrität der Daten innerhalb der Blockchain sicherzustellen. Fraglich ist auch, inwiefern die kryptographischen Algorithmen, die die Blockchain vor Manipulationen schützen sollen, geknackt oder umgangen werden können. Für eine allgemeine Akzeptanz der Gesellschaft steht somit das absolute Vertrauen in die Technologie im Mittelpunkt.[22]

---

[19] Vgl. Brühl, V., Bitcoins, Blockchain und Distributed Ledgers, 2017, S. 141.
[20] Vgl. Sauerland, A., Möglichkeiten und Grenzen, 2017, S. 110.
[21] Vgl. Jörn, T., Blockchain in der Finanzbranche, 2016, S. 38.
[22] Vgl. Bolesch, L., Mitschele, A., Revolution oder Evolution, 2016, S. 39.

4 Fazit

Der Blockchain kann eindeutig ein disruptives Potential im Bereich des Finanzsektors zugewiesen werden. Die hier aufgeführten Beispiele gewähren einen ersten Einblick in die sich eröffnenden Möglichkeiten, zeigen aber dennoch, dass sich die DLT in einem experimentellen Stadium und frühen Reifeprozess befindet. Bevor es zu einer vollständigen Implementierung der Technologie kommen kann, muss jedoch eine Reihe von Herausforderungen bewältigt werden. Rechtliche, regulatorische und technische Schwierigkeiten werden früher oder später überwunden. Auch wenn die angewandten kryptografischen Verfahren als sehr zuverlässig gelten, fürchtet ein großer Teil der Bevölkerung und Unternehmen um die Sicherheit ihrer Daten. Dementsprechend müssen sich Distributed Ledger Technologien erst einmal unter Beweis stellen, damit ein allgemeines Vertrauen der Menschen in die zugrunde liegenden Mechanismen aufgebaut werden kann. Blickt man einmal 30 Jahre zurück in die Vergangenheit, dann bestand auch Skepsis bei der Vorstellung des damals unbekannten Netzwerkprotokolls TCP/IP, welches heute die Grundlage des World Wide Webs bildet und zu den wichtigsten Erfindungen des 20. Jahrhunderts gehört. [23]

---

[23] Vgl. Jörn, T., Blockchain in der Finanzbranche, 2016, S. 39.

Literaturverzeichnis

Bolesch, L., & Mitschele, A. (15. November 2016). Revolution oder Evolution? Funktionsweise, Herausforderungen und Potenziale der Blockchain-Technologie. *Zeitschrift für das gesamte Kreditwesen*, S. 35-39.

Brühl, V. (2017). Bitcoins, Blockchain und Distributed Ledgers. *Wirtschaftsdienst*(Heft 2), S. 135-142.

Elfriede, S. (2017). *Bitcoins und andere dezentrale Transaktionssysteme*. Wiesbaden: Springer.

Gischer, H., Herz, B., & Menkhoff, L. (2011). *Geld, Kredit und Banken*. Wiesbaden: Springer.

Kastrati, G., & Weissbart, C. (8. Dezmeber 2016). Blockchain - Potentiale und Herausforderungen für den Strommarkt. *ifo Schnelldienst*, S. 74-77.

Kerscher, D. (2013). *Bitcoin: Funktionsweise, Risiken und Chancen der digitalen Währung*. München: Amazon.

Kollmann, T. (23. August 2016). Deutschland 4.0: Wie die Digitale Transormation gelingt. Wiesbaden: Springer.

Konst, S. (9. August 2000). Sichere Log-Dateien auf Grundlage kryptographisch verketteter Einträge. *Technische Universität Braunschweig*.

Sauerland, A. (3. Mai 2017). Möglichkeiten und Grenzen der neuen Blockchain-Technologie. *Finanzierung Leasing Factoring*, S. 108-111.

Tobias, J. (1. August 2016). Blockchain in der Finanzbranche - eine disruptive Technologie? *bank und markt*, S. 37-39.

Internetquellen

Friedman, M. (1999). *coindesk*. Abgerufen am 13. Juni 2017 von http://www.coindesk.com/economist-milton-friedman-predicted-bitcoin/

Nakamoto, S. (Hrsg.). (2008). *bitcoin.org*. Abgerufen am 13. Juni 2017 von https://bitcoin.org/bitcoin.pdf

o.V. (2016). *btc-echo*. Abgerufen am 3. März 2017 von https://www.btc-echo.de/was-ist-die-blockchain/

o.V. (2016). *btc-echo*. Abgerufen am 13. Juni 2017 von https://www.btc-echo.de/wie-
    kann-ich-bitcoins-minen/

Synaix. (27. Januar 2017). Abgerufen am 13. Juni 2017 von
https://blog.synaix.de/2017/01/syntechtalk-die-blockchain-eine-kette-voller-neuer-
moeglichkeiten/

BEI GRIN MACHT SICH IHR
WISSEN BEZAHLT

- Wir veröffentlichen Ihre Hausarbeit,
  Bachelor- und Masterarbeit

- Ihr eigenes eBook und Buch -
  weltweit in allen wichtigen Shops

- Verdienen Sie an jedem Verkauf

Jetzt bei www.GRIN.com hochladen
und kostenlos publizieren